Ein Desiderat aus dem Feld ökonomischer Grundlagenwerke und karrierebegleitender Ratgeber wird auf den folgenden Seiten der staunenden Lektüre zugänglich: Inspiriert von einer klassischen Szene der Hochliteratur (S. 13) geht diese Studie u. a. der Frage nach, was höchstbezahlte Wesen in den Konzernspitzen zu finden hoffen.

Sebastian Hakelmacher, bestens bekannt durch seinen klassischen Wendetext »Vom Teen-Ager zum Man-Ager« (1989), legt hier die Früchte seines Nachdenkens vor, eines Nachdenkens, das ihm seine jahrzehntelange Praxis als Wirtschaftsprüfer auf der Ebene der virtual reality von Konzernen reichlich zugestanden hat.

Die Folgerungen aus dem Peter-Prinzip, aus Murphys und Parkinsons Gesetzen gerinnen schon auf S. 23 in die Einsicht: »Nur ein begnadeter Spitzenmanager besitzt genug illusive Kraft, um strategische Ziele von operativen Zwängen zu isolieren. Nur seinem Abstraktionsvermögen gelingt die Vorstellung, wie man einen Abgrund mit zwei Sprüngen überwindet.« Daß zu diesen Abgründen zwischen Assessment-Center (S. 35) und einer Wahl zum Manager des Jahres (S. 42) immer wieder auch der Aufsichtsrat gehört (S. 29 ff.), versteht sich irgendwie von selbst.

Kein Wunder also, daß grundlegende Leistungen des Managementbetriebs, wie die Ersetzung des Zufalls durch Irrtum (S. 24) bzw. die Fähigkeit, bei unbekanntem Ziel als erster dort zu sein (S. 26) analysiert werden. Die Studie beweist ihre empirische Genauigkeit bis hin zur Richtzahl für die Ausdehnung jener Vorstandskasinos, in denen Topmanager ihrer verzehrenden Tätigkeit obliegen (S. 45). Auch notwendige Kennziffern für die Reduzierung des Informationsgehalts bei Präsentainment-Vorführungen im Zuge der Unternehmensberatung (S. 66) werden nachvollziehbar.

Ein ausführliches Inhaltsverzeichnis (S. 9 ff.) mag als weitere Wegweisung zum wissenschaftlichen Impact der Darstellung dienen.

Das Leoparden-Paradox

Litzelstetter Libellen
Ziemlich Neue Folge *(ZNF)* Nr. 10
Abteilung Handbüchlein und Enchiridia

Sebastian Hakelmacher

Das Leoparden-Paradox

Grundlagen einer
Managementbetriebslehre

Libelle

Wer die Übersicht verloren hat, sollte wenigstens Entscheidungen treffen.

Inhalt

Hinführung
13

I. Die Quellen einer Managementbetriebslehre
14

II. Die entscheidenden Faktoren
des Managementbetriebs

1. Das Grundelement:
Der Manager
17

2. Der hervorragende Faktor:
Der Topmanager
20

3. Der Komplexitätsfaktor:
Der Konzernmanager
27

4. Die höchste Hürde:
Der Aufsichtsrat
29

III. Die Struktur des Managements

1. Die formale und die faktische Hierarchie
31

a) Die formale Hierarchie
   32

   b) Die faktische Hierarchie
   33

   2. Die Managerkarriere
   35

   a) Der Aufstieg
   35

   b) Der Seiteneinstieg
   39

   c) Der Ausstieg
   40

IV. Die Ausformung des Managementbetriebs

   1. Das Biotop der Manager
   46

   2. Managementstile und -techniken
   44

   3. Das Controlling
   48

V. Die Dynamik des Managementbetriebs

   1. Die Verrottung des Managements
   51

   2. Der unternehmensinterne Schriftverkehr
   54

   a) Umfang und Zweck
   54

b) Arten
56

3. Der Sitzungsbetrieb
59

a) Bedeutung und Dynamik der Sitzungen
59

b) Präsentationskunst in der Sitzung
62

VI. Erschütterungen des Managementbetriebs

1. Anzeichen
64

2. Umstrukturierungen
67

a) Echte Umstrukturierungen
67

b) Unechte Strukturveränderungen
68

VII. Ausblick
70

Hinführung

Ernest Hemingway beginnt seine Erzählung »Schnee auf dem Kilimandscharo« mit folgenden Sätzen:

»Der Kilimandscharo ist ein schneebedeckter Berg von 6000 Meter Höhe und gilt als der höchste Berg Afrikas... Dicht unter dem westlichen Gipfel liegt das ausgedörrte und gefrorene Gerippe eines Leoparden. Niemand weiß, was der Leopard in jener Höhe suchte.«[1]

Ähnlich überrascht ist man auf manchem Gipfel des Managements.

---

1   Rororo-Band 740, Reinbek 1961, S. 73.

I. Die Quellen einer Managementbetriebslehre

Die verstreuten Erkenntnisse über die Triebe und das Treiben der Manager, wie sie das *Peter*-Prinzip[2] oder das *Dilbert*-Prinzip[3] sowie die Gesetze von *Parkinson*[4] und *Murphy*[5] beschreiben, konnten noch nicht zu einer umfassenden Managementbetriebslehre verknüpft werden. Die genannten Regeln, die aufgrund empirischer Untersuchungen treffend formuliert wurden,[6] bilden allerdings wesentliche Ansätze für eine geschlossene Managementbetriebslehre.

Nach dem *Peter-Prinzip* neigt jeder Beschäftigte dazu, in einer Hierarchie bis zur Stufe seiner Inkompetenz aufzusteigen.

---

2 *Peter/Hull*, Das Peter-Prinzip, Reinbek 1970.
3 *Adams*, The Dilbert Principle, New York 1996.
4 *Parkinson's Law*, London 1985 (Reprint).
5 *Bloch*, Murphy's Law and other Reasons why Things go wrong, Los Angeles 1977.
6 Dieselben Regeln gelten auch für Organisationen und Gremien außerhalb des Unternehmensbereiches, wie z. B. für politische Parteien, Gewerkschaften und andere selbstgenügsame Institutionen.

Das *Dilbert-Prinzip* besagt, daß die unfähigsten Mitarbeiter systematisch dorthin versetzt werden, wo sie den geringsten Schaden anstellen können, nämlich ins Management.
Parkinsons Gesetze befassen sich mit der unaufhaltsamen Auswucherung der Bürokratie. Die bürokratische Arbeit wird in Unternehmen und Behörden so lange ausgedehnt, bis die zur Verfügung stehende Zeit ausgefüllt ist. *Murphys Gesetz* statuiert: wenn etwas schief gehen kann, geht es auch schief.

Die Betriebswirtschaftslehre vermarktet zwar das Thema Unternehmensführung,[7] hat es aber nicht mit der nötigen Hintergründigkeit bearbeitet, um daraus eine überzeugende Managementbetriebslehre zu entwickeln. Auch der Vortrag von *Scheffler* »Vom Teen-Ager zum Man-Ager«[8] bleibt fundamental und daher unvollkommen.
Eine umfassende Managementbetriebslehre hätte sich mit den sozialdynamischen Prozessen auf den höheren Ebenen der Unternehmen auseinanderzusetzen, die in aller Regel nur

---

7 Vgl. u. a. *Hopfenbeck*, Allgemeine Betriebswirtschafts- und Managementlehre, Landsberg/Lech 1989; *Kuhn*, Unternehmensführung, 2. Auflage, München 1990.
8 FAZ vom 4. 11. 1989. Vgl. auch *Hakelmacher*, Vom Teen-Ager zum Man-Ager, 2. Auflage, Wiesbaden 1996.

Insidern zugänglich und halbwegs verständlich sind.[9]

Um das mystische Verhalten der Topmanager und ihrer Aufseher aufzuhellen, muß man u. a. der bis heute ungeklärten Frage nachgehen, wie und warum man Topmanager wird und wie man es so lange aushält oder ausgehalten wird.[10]

Die nachfolgenden tastenden Ansätze zu den Grundlagen einer aleatorischen Managementbetriebslehre gehen von der *These* aus, *daß unabhängig von Rechtsform, Größe und Branche kein Unternehmen ohne Manager auskommt* und daß diese irgendein Geschäft betreiben. Jedes Unternehmen läßt sich folglich als Managementbetrieb begreifen.[11] Kernelemente sind die Manager, ihre Hierarchie, die Managementstruktur und der Sitzungsbetrieb.

---

9 Daran ändert auch nichts, daß Indiskretionen über unternehmensinterne Vorgänge stark zunehmen, weil selbst gesetzlich verlangte Geheimhaltung nicht mehr ernst genommen wird. Insofern wird mehr bearbeitbares Material von zweifelhafter Tauglichkeit verfügbar werden.

10 Vgl. *Reiterle*, Fest im Sattel ohne Pferd, Stuttgart 1996.

11 Diese waghalsige These wurde erstmals bei einem Feuerzangenbowlen-Abend im Rahmen eines Fortbildungskurses für Vergleichsverwalter aufgestellt. Sie fand ihre wissenschaftliche Stütze in dem dispositiven Faktor i. S. *Gutenbergs* (Grundlagen der Betriebswirtschaftslehre, Band 1, 24. Auflage, Berlin 1983).

II. Die entscheidenden Faktoren des Managementbetriebs

1. Das Grundelement: Der Manager

Bis in die Sechzigerjahre kannte man den *Begriff Manager* in Deutschland kaum. Statt dessen sprach man mit naivem Respekt vom *Direktor* oder *Prokuristen* oder bei entsprechender Größe und Einmaligkeit der Ausstattung des Dienstzimmers und -wagens vom *Chef*[12]. Das zunehmende Exportgeschäft ließ den Chef bald zu provinziell erscheinen. Die Bezeichnung *Direktor* wurde als reaktionär und zu statisch empfunden. Selbst der höhere Weihen ausdrückende Begriff *Frühstücksdirektor* ist aus der Mode gekommen, ohne daß ein passendes Begriffspendant die schmerzliche Lücke bisher ausfüllen konnte. Einige angesehene Vertreter der Managementbetriebslehre[13] erklären die-

---

12 Vgl. u. a. *Homburger*, Der Chef, Essen 1952; *Maier*, Die Zigarre vom Chef – Memoiren eines Chauffeurs, Gelsenkirchen 1959.
13 Zum Beispiel *Slogger*, The Bruncher, New York 1994, und *Tiffany*, Highnoon at the Buffet, Boston 1997.

ses Begriffsvakuum damit, daß die vornehmste Aufgabe der Topmanager ohnehin darin besteht, Besuche zu empfangen und Geschäftsreisen zu unternehmen, damit ihre Mitarbeiter arbeiten können; insofern sei ein neuer Begriff entbehrlich.

Nachdem die Betriebswirtschaftslehre immer mehr neue englische Begriffe für altbekannte Sachverhalte übernahm,[14] wurden auch die mehr juristisch geprägten Rangbezeichnungen in den Unternehmen als dringend erneuerungsbedürftig empfunden. Auf der Suche nach einer universell akzeptablen Benennung stieß man kurz nach der Wandlung des *Backfisches* zum *Teenager*[15] auf den transatlantisch duftenden Begriff *Manager*[16].

---

14 Vgl. die noch harmlosen Anfänge wie *Break-even-point* oder *Direct Costing*. Schon in der Frühphase des Importbegriffs Break-even-point wurde von *Lehner et al.* (DE STATU CORRUPTIONIS. Entscheidungslogische Einübungen in die Höhere Moralität. Litzelstetter Libellen Nr. 1, 1980, S. 32) im Zusammenhang einer Diskontberechnung beim Nutzenentzug während der Schmorzeit im Fegefeuer eine Differenzierung des Begriffs in *Break heaven point* vorgeschlagen. Leider ohne Erfolg.

15 *Pufenstich*, Der Wandel von Backfisch und Bulette zu Teenager und Hamburger, Nürnberg 1960.

16 Es ist jedoch verpönt, weibliche Führungskräfte mit Miss Manager anzureden. Vgl. dazu ausführlich *Dünsin*, Wirtschaftlich bedingte Sprachstörungen, tiefere Ursachen und oberflächliche Überwindung, Heidelberg 1960.

Die Anziehungskraft dieser neuen Bezeichnung lag vor allem in ihrer angloamerikanischen Herkunft und Aussprache. Ihre ungebändigte Attraktion dokumentierte sich rasch darin, daß jeder Unternehmensangehörige, der seine berufliche Tätigkeit nicht nur als monetär begründete Unterbrechung der Freizeit betrachtete, Manager werden wollte. In einer Zeit, in der viele Unbeschäftigte keine Arbeit, sondern einen Job suchen, ist die Bezeichnung Manager unverzichtbar geworden.

Der Begriff Manager kann heute aufgrund langjähriger Abnutzung abgeklärt definiert werden:[17] *Ein Manager ist jemand, der nicht arbeitet, damit er die Übersicht nicht verliert, die er braucht, um anderen Arbeit zuweisen zu können.*

Für den Manager gilt: Ich delegiere, also bin ich – und meint damit das Unangenehme.

Die in den Lehrbüchern immer noch weitverbreitete Vorstellung, daß Manager Entscheidungsträger seien,[18] greift gegenüber der genannten Definition daneben. Die *Entscheidungsfreude* nimmt nämlich mit der zunehmenden Ranghöhe der Manager überproportional

---

17 In Anlehnung an *Möbius*, Bekenntnisse des Generaldirektors W., Hamburg 1993.
18 Vgl. die entscheidungsorientierte Betriebswirtschaftslehre (z. B. *Heinen*, Einführung in die Betriebswirtschaftslehre, Wiesbaden 1982).

ab.[19] In Großunternehmen sorgen interne Richtlinien systematisch dafür, daß etwaiger Entscheidungsmut rechtzeitig gedämpft wird. Sehr viel eher ist der Manager als *Planungsträger* zu charakterisieren. Diese Funktion entspricht dem in modernen Managementbüchern nachhaltig genährten Vorurteil, daß der Manager Ziele zu setzen hat.[20] Jeder Manager ist vorzugsweise mit Planung befaßt, obwohl sich die Realität ihr gegenüber sehr spröde verhält. Managen heißt freilich nicht das Erreichen von Zielen, sondern das Setzen derselben und das Verfolgen von Planwerten.[21]

2. *Der hervorragende Faktor: Der Topmanager*

Den *höhergestellten Manager* erkennt man daran, daß er weniger Kollegen als der gemeine Manager hat und nicht vermißt wird, wenn er am Arbeitsplatz nicht anzutreffen ist.
Der Manager der oberen Hierarchiestufen verrät sich außerdem dadurch, daß er ohne Sekretärin eigentlich nicht existent ist. Ohne sie kann

---

19 *Klamm*, Unerkannte Höhenangst als Absturzursache, München 1994.
20 *Hetzer*, Der Zieltrieb im Manager, Hamburg 1992; *Wallace*, Der Zieler, München 1979.
21 *Nimrotz*, Die ewige Jagd, Frankfurt 1994.

er nämlich nicht kommunizieren, nur über die Sekretärin ist er zu erreichen.[22] Im fortgeschrittenen Stadium ist der höhere Manager überhaupt nicht mehr persönlich ansprechbar, weil dies sein Terminkalender nicht zuläßt. Man nennt dies *Zeitmanagement*.[23] Technische Grundlage des Zeitmanagements ist eine aufwendige Kalenderorganisation,[24] deren Pflege zwei Drittel der normalen Arbeitszeit der Chefsekretärin[25] beansprucht. Die Bedeutsamkeit eines Managers beruht nämlich darauf, daß er hinsichtlich seiner Termine ständig überbucht ist. *Effizientes Zeitmanagement*

---

22 Es bleibt abzuwarten, ob sich mit der seuchenhaft zunehmenden Benutzung von Handys in öffentlichen Transportmitteln, ebensolchen Toiletten und anderen Örtlichkeiten eine drastische Änderung abzeichnet oder ob es sich lediglich um eine neuartige, aber ephemere Balzgebärde der Manager handelt.

23 *Kniffler*, Zeitsouveränität als imagepolitische Herausforderung, Düsseldorf 1985. Der imagebewußte Topmanager erscheint bei wichtigen Sitzungen als letzter und verläßt sie vor ihrem Ende. Diesen Punkt haben *Postcox/Wutz* eindrücklich vertieft in: Der Interruptus als kommunikatives Stilmittel, Wiesbaden 1996.

24 Beim Topmanager ist der Kalender in Nappaleder gebunden. Szenenkenner erwarten, daß Aufsteiger, die sich an ihr elektronisches Notebook gewöhnt haben, schnell die edlere Form des Zeitmanagements adaptieren.

25 Die Bezeichnung *Chefsekretärin* ist ein Relikt aus der *Chef*-Zeit; andere Bezeichnungen wie *Top-Sekretärin* oder *Top-Nurse* konnten sich bisher nicht durchsetzen.

lebt von der Illusion, daß der flexible Topmanager zwei Termine gleichzeitig wahrnehmen kann. Wie bei modischer Kleidung wird das Oberteil auch beim Management mit Top bezeichnet; man spricht selbst in konservativen Wirtschaftskreisen ungeniert vom Topmanagement und von Topmanagern.[26] Das Topmanagement ist die höchstbesoldete Einsicht im Unternehmen. Es setzt sich aus einem oder mehreren Topmanagern zusammen und allenfalls mit dem Aufsichtsrat auseinander.
Topmanager ist, wer nach Verlust der Übersicht die Weitsicht gewonnen hat. Für den Topmanager gilt: Der Mut zur Lücke erweitert den Durchblick.[27]
In breiten Bevölkerungsschichten herrscht die naive Vorstellung, daß Topmanager die wichtigsten Entscheidungsträger seien.[28] Dieser Trugschluß ist verständlich. Wer die Übersicht verloren hat, sollte wenigstens Entscheidungen treffen.
Wer als Manager unentschlossen war, ist als Topmanager nicht mehr so sicher. Daher wer-

---

26 *Schaller*, Top – die Etikette gilt, Bonn 1990.
27 Dazu grundlegend *Grinsky*, Gap-Analysis on Toplevel, Boston 1989.
28 Die wichtigsten Erkenntnisquellen sind Imagekampagnen und -broschüren, gezielte PR-Maßnahmen der Betroffenen und Skandalberichte.

den unangenehme Entscheidungen als verbreitete Form der Nachwuchsförderung nach unten delegiert werden. Manchmal entscheidet so anstelle des Topmanagers der nachgeordnete gesunde Menschenverstand.

Bei den verbleibenden Entscheidungen verfährt der höhergestellte Manager nach dem Motto: je länger die Entscheidungsfindung dauert, um so bedeutsamer erscheint sie. So wurde die *lange Leitung* erfunden.

Topmanager spüren instinktiv, daß morgen falsch sein kann, was heute nicht richtig ist. Sie übersehen daher das Nächstliegende und entwickeln eine zunehmende Neigung, in die weit entfernte Zukunft zu blicken.[29] Topmanager sind daher die geborenen *Strategen* des Unternehmens. Nur ein begnadeter Spitzenmanager besitzt genug illusive Kraft, um strategische Ziele von operativen Zwängen zu isolieren. Nur seinem Abstraktionsvermögen gelingt die Vorstellung, wie man einen Abgrund mit zwei Sprüngen überwindet.

Diese überirdische Form des Managements läßt sich allerdings auf Erden nicht immer durchhalten. Wenn die Realität von Zeit zu Unzeit Entscheidungen verlangt, sind Fehl-

---

29 *Meise,* Über dem Volke muß die Freiheit wohl grenzenlos sein, 4. Auflage, Berlin/Bonn 1993.

entscheidungen des Topmanagements oder – wenn dieser Weg nicht verfügbar ist – Fehltritte in die richtige Richtung unvermeidbar.

Je höher man in der Unternehmenshierarchie aufsteigt, um so stärker ist der *Glaube an die Unternehmensplanung.* Er ist infolgedessen beim Topmanager unerschütterlich. *Für den Topmanager ist nichts unmöglich, was er nicht selbst erfüllen muß.* Er wird daher die Perfektion der Planung bis zum Niedergang des Unternehmens betreiben.

Glücklicherweise hat die Natur vorgesorgt, daß Topmanager allein auf die strategische Planung bauen, die sie unbekümmert mit strategischer Unternehmensführung gleichsetzen. So tragen selbst sie zur Überlebensfähigkeit des Unternehmens bei.

Wenn sorgenvolle Topmanager das Recht auf Irrtum anmahnen,[30] so vergessen sie dabei, daß Planung nichts anderes ist als das Ersetzen des Zufalls durch Irrtum – heute meist in Form der computergesteuerten Milchmädchenrechnung. *Der etablierte Topmanager ist daher oft im Irrtum, aber nie im Zweifel.* Für seine Mitarbeiter gilt, daß man aus Irrtümern lernen kann, aus Zweifeln aber nicht.

---

30 *Krempf*, Das mißverstandene Going-concern-Prinzip, Stuttgart 1996.

Ein hartnäckiges Gerücht behauptet, daß Topmanager im Vergleich zu nachgeordneten Managern eine größere *Verantwortung* tragen. Unbestritten ist, daß Topmanager die volle Verantwortung für jede Art von Erfolg zu übernehmen haben. Wenn sie die übrige Verantwortung, z. B. für Fehlschläge, an rangtiefere Manager delegieren, erfüllen sie die moderne Forderung nach partizipativem Management.[31] Infolgedessen reduzieren sich persönliche Konsequenzen aus Fehlentscheidungen und Mißerfolgen mit dem Aufstieg in der Managementhierarchie überproportional. *Im Gegensatz zum indischen Kastenwesen stehen in der Managementhierarchie die Unberührbaren an der Spitze.*

Das Topmanagement wird entweder kollegial oder als einsame Spitze ausgeübt. Bei der kollegialen Form sind alle Topmanager gleich, nur die Gehälter sind verschieden. Die Verantwortung wird so aufgeteilt, daß keiner sie zu tragen hat. Überzeugte Topmanager gefallen sich als *Generalisten*, weil ihnen zu jedem speziellen Thema ein Gemeinplatz einfällt.

Die Spitze der Managementspitze ist bei deut-

---

31 *Peterson*, Direktpartizipation untergeordneter Manager als Beitrag zur Humanisierung des Managements, Diss. Köln 1992. – Vgl. auch unten *S. 46 f.*

schen Kapitalgesellschaften der *Vorstandsvorsitzende*, im Englischen *Chairman* und im Amerikanischen *President* oder *CEO* genannt. Fehlende Sachkenntnis ist bei ihm Charisma. Dieser einsame Mann an der Spitze gleicht dem allein gehenden Alpinisten,[32] der auf das Echo aus den tiefergelegenen Managementebenen wartet, ohne gerufen zu haben. Gedankenaustausch mit Mitarbeitern bedeutet bei ihm, daß diese mit eigenen Gedanken kommen und mit seiner Meinung wieder weggehen.[33] *Die sensible Spitzenkraft fühlt sich schon angegriffen, wenn jemand seine eigene Meinung ausspricht.* Ihr genügt es, bei unbekanntem Ziel als erster dort zu sein.

Formal gilt als Topmanager, wer einem Unternehmen als Vorstand oder Geschäftsführer vorsteht. Um die Zahl der Topmanager beliebig vermehren zu können, gründet und erwirbt man Tochterunternehmen. Das ist der eigentliche Zweck der *Konzernbildung*. Der Konzern ist die am besten geeignete Unterneh-

---

[32] In der neueren Literatur wird dies als »Ötzi-Komplex« diskutiert. Immer noch grundlegend: *Haller*, Das Similaun-Syndrom / OECCI HOMO. Von der Entdeckung der Gletschermumie zum transdisziplinären Forschungsdesign. Litzelstetter Libellen, Ziemliche Neue Folge (ZNF) Nr. 1, Libelle 1992.

[33] *Absess*, Exchange-Management, Frankfurt 1986.

mensform, um die eingangs erwähnten Prinzipien und Gesetze zur prachtvollen Entfaltung zu bringen.

3. Der Komplexitätsfaktor: Der Konzernmanager

Der Begriff Konzern leitet sich aus dem englischen Begriff concern = Sorge, Besorgnis ab. *Der Konzern ist also ein besorgniserregender Verbund von rechtlich selbständigen Unternehmen, dessen leidendes Element die lange Leitung ist.* Da jeder Konzernmanager seinen eigenen Kopf hat, ist die Konzernleitung der Versuch, die zentrifugalen Führungskräfte des Konzerns zu bändigen. Die allgemeine Konfusion, die durch die Existenz von mehreren formal zuständigen Entscheidungs- und Kontrollgremien entsteht, nennt man *Konzernsteuerung*. Es verwundert nicht, daß die Konzernleitung[34] als *edelste Form des Topmanagements* angesehen wird. Es zeichnet sich sogar eine bedenkliche Tendenz ab, daß nur konzernleitende Manager als echte Topmanager akzeptiert werden. *Der*

---

34 Auch juristisch ist die Ausübung der Leitungsmacht wesentliche Voraussetzung für das Vorliegen eines Konzernverhältnisses; vgl. § 18 AktG. Sie gilt als Ursache des Konzernierungsdrangs.

Konzernleiter hat anstelle der Über- und Weitsicht nur die Konzernsicht.
Die Konzernleitung gilt als das entscheidende Element eines Konzerns. Ihr Ansehen steigt mit zunehmender Unübersichtlichkeit des Konzerns. Jede Konzernleitung ist daher bestrebt, die Anzahl der Konzernunternehmen und die räumliche Entfernung der Konzernstandorte ständig wachsen zu lassen. Stark imagefördernd wirkt auch eine arbeitsunfähige Häufung von Prominenz im Aufsichtsrat der Konzernobergesellschaft.
Eine moderne Konzernführung wird sich stets zu *dezentraler Managementstruktur* bekennen. Das bedeutet, daß wichtige Entscheidungen in der Konzernleitung, also fern vom Zentrum des Geschehens getroffen werden. Die Manager der Tochterunternehmen sehen ihren konstruktiven Beitrag zum Konzernerfolg darin, daß sie sich mit subtilen Mitteln dem Informationsbegehren der Konzernleitung widersetzen, weil sie darin bereits einen Eingriff in ihre Entscheidungshoheit sehen, und ihre Devise lautet: Wehret den Anfängern!

4. Die höchste Hürde: Der Aufsichtsrat

Um etwaigen Übermut der Topmanager zu bremsen, haben Kapitalgesellschaften als höchste Hürde einen Aufsichtsrat.[35] Das klingt schlimmer, als es sich anhört. Der Aufsichtsrat setzt sich nämlich nicht nur in Sitzungen, sondern auch aus natürlichen Personen zusammen, die gewissermaßen die höchsten Hürdenträger des Unternehmens sind.

Aufsichtsratsmitglieder sind Personen, die so tun können, als wüßten sie alles. Fehlende Sachkenntnis oder mangelndes Engagement verbergen sie mit der meist feierlichen Haltung des Körpers. Daher möchten Topmanager und andere Spitzenleute gern Aufsichtsrat werden.

Zur Humanisierung der Arbeitswelt der Topmanager hat der Gesetzgeber die Mitgliederzahl der Aufsichtsräte ohne Rücksicht auf vernünftige Alternativen festgeschrieben. Sie kann zwischen 3 und 21 schwanken. Da mit steigender Mitgliederzahl die Effizienz eines Gremiums im Quadrat abnimmt, ist gewährleistet, daß der Aufsichtsrat bei großen Unter-

---

[35] Der Aufsichtsrat kann als Gruppe von Interessenvertretern bezeichnet werden, die als Interesse des Unternehmens ihre Interessen vertreten.

nehmen mit absoluter Sicherheit eine arbeitsunfähige Größe erreicht. Arbeitsfähig ist ein Aufsichtsrat oder ein Aufsichtsratsausschuß, der höchstens fünf Mitglieder umfaßt, von denen mindestens zwei verhindert sind.[36]

Obwohl Aufsichtsräte bis auf den Vorstand nichts zu bestellen haben, sollen sie im geheimen und in Sitzungen die Geschäftsführung des Vorstands unverdrossen überwachen. *Der Aufsichtsrat hat anstelle der Über- oder Weitsicht die Aufsicht,* auf die der Vorstand aus Vorsicht und im Hinblick auf die Absicht des Gesetzgebers Rücksicht nimmt.

Vornehmstes Anliegen des Vorstands ist es, den Aufsichtsrat mit Informationskrümeln, die von seinem Tische fallen, zu füttern. Ein fürsorglicher Vorstand geht hierbei behutsam vor. Er wird Probleme gegenüber dem Aufsichtsrat erst ansprechen, wenn alle anderen Möglichkeiten erschöpft sind. Er weiß, *Aufsichtsräte glauben nicht an Wunder, sie verlassen sich auf sie.*

---

36 Eine Variante dieser systemlogischen Algebra wird weiter unten *(S. 53 f.)* unter dem Stichwort *Teamarbeit* behandelt.

III. Die Struktur des Managements

1. Die formale und die faktische Hierarchie

Man muß zwischen der formalen und der faktischen Hierarchie unterscheiden.[37] Während die formale Hierarchie das Karrierestreben lenkt, dient die faktische Hierarchie, die Manager abweichend von der formalen Struktur einstuft, als Treibsatz der Karriere.

Die formale Hierarchie ist wichtig für die Visitenkarte und ähnlich ernstzunehmende Attribute wie Größe des Dienstwagens oder des Dienstzimmers. Die faktische Hierarchie entscheidet über Macht und Einfluß. Sie erkennt man an der Ausstattung der genannten Gegenstände und an der Zahl der Sekretärinnen und Assistenten.

---

[37] So schon *Hakelmacher*, Strukturanalyse des Topmanagements, WPg 1974, S. 114. Siehe auch *Lifestock*, Corporate Governance – A new Approach, London 1995.

a) Die formale Hierarchie
Die formale Hierarchie ist das *Rückgrat jeder Bürokratie*. Ihre Stufen sind in Organisations- und Stellenplänen verewigt, wobei der Anzahl der Bezeichnungen und der phantasievollen Interpretationen praktisch keine Grenzen gesetzt sind. Es verbietet sich daher, in diesem ernsthaften Zusammenhang durch Beispiele unnötige Verwirrung zu stiften.
Für wissenschaftliche Zwecke genügt die Feststellung, daß sich die formale Hierarchie in Form einer Pyramide darstellt, bei der fachliche und produzierende Leistungen zur Spitze hin abnehmen und die körperliche Anstrengung vom Arbeitseinsatz zur Nahrungsaufnahme verlagert wird. Topmanager sprechen daher häufig von ihrer *verzehrenden* Tätigkeit.[38]
Die formale Managementhierarchie befindet sich im *Gleichgewicht*, wenn im Stellenplan die höheren und mittleren Rangstufen mindestens zu 87,8% mit Namen lebender Personen belegt

---

38 Auf die soziologische Bestimmung der Nullverzehrsquote (bei Germknödeln), wie sie *Halfar/Schneider* durchgeführt haben, sei nur am Rande hingewiesen, da die Autoren in ihrer Topographie leider das Vorstandskasino ganz unberücksichtigt lassen: *Halfar/Schneider (Hrsg.), Das Germknödel-Paradigma / DE ARTE GERMOECOLOGIAE. Der yeast-dumpling approach als Subsistenzmedium sozialökologischer Forschung.* Litzelstetter Libellen, Ziemlich Neue Folge (ZNF) Nr. 3, S. 23 u. ö., Libelle 1992.

sind und die Vakanzen der unteren Hierarchieebenen nicht mehr als 2,5% ausmachen.[39]

b) Die faktische Hierarchie
Die faktische Hierarchie spiegelt das abgestufte Ansehen der Manager wider. Es leitet sich aus der Lautstärke des Managers, aus der Zahl der unterstellten Mitarbeiter und aus der Höhe der durch den Manager und seine Untergebenen verursachten Kosten ab. Jeder emporstrebende Manager versucht daher, die drei Essentialien kontinuierlich zu steigern. Solche *Selbstbeförderung* erfordert besondere Durchsetzungskraft, wenn die Kostenzunahme nach An- oder Einsicht der nächsthöheren Rangstufe vom Unternehmen nicht mehr verkraftet werden kann.

Da aber die Überlebensfähigkeit eines Unternehmens von seinen Topmanagern generell überschätzt wird, besteht ausreichend Spielraum, um den Katastrophenfall herbeizuführen. Jeder promovierte Beschäftigte erreicht früher oder später die Stufe seiner Unfähigkeit

---

39 Die theoretischen Grundlagen für die diesbezüglichen Untersuchungen wurden von *Darwinzi* gelegt, der dabei bisher geheim gehaltene Schriften der Vatikanischen Bibliothek verwerten konnte (Equilibrium Potentatis, Rom 1978).

(Peter-Prinzip).[40] Dauerhaft etablierte Topmanager zeichnen sich meistens dadurch aus, daß sie Inkompetenz mit unerschütterlichem Selbstbewußtsein verbinden. Wenn die rangmäßig gewichteten Summen der Inkompetenzen und der Kompetenzen übereinstimmen, befindet sich die faktische Hierarchie im *labilen Gleichgewicht*. Solange die Kompetenzen überwiegen, werden Manager zur Stufe ihrer Inkompetenz befördert, um den Gleichgewichtszustand herzustellen.

Ein Übergewicht an Inkompetenz kann für das Unternehmen eine günstige oder eine wenig gute Entwicklung zur Folge haben. Im günstigen Fall verändert sich lediglich die Kompetenzverteilung durch eine schmerzliche (wie immer auch geförderte) Verminderung des Anteils der inkompetenten Manager, bis das Gleichgewicht erreicht ist. Im ungünstigen Fall zerfällt nicht nur die Hierarchie, sondern auch das Unternehmen. Die Chance für Topmanager besteht darin, daß mit zunehmendem Kompetenzschwund in den oberen Etagen des Managements der zweite Fall wahrscheinlicher wird, so daß sie auf die höhere Rangstufe eines anderen Unternehmens vermittelt werden können.

---

40 *Peter/Hull*, Das Peter-Prinzip, Reinbek 1970.

2. Die Managerkarriere

a) Der Aufstieg

Höhere Führungskraft kann man durch eigene *Leistungen* oder durch *Beziehungen* zu maßgeblichen Personen werden. Bei der ersten Alternative ist die Konkurrenz am geringsten, aber der dauerhafte Erfolg kaum zu garantieren. Demgegenüber muß die andere Chance hart erarbeitet werden, vor allem durch die permanente Behauptung, nachweislich großes Führungstalent zu besitzen.

Die Karriere eines Managers wird in erster Linie von seinem Image und von der Konstellation auf der übergeordneten Hierarchieebene bestimmt. Der ambitiöse Manager vermarktet sein Selbstportrait karrierefördernd dadurch, daß er es durch zielorientierte und konsequente Selbstbeweihräucherung ständig aufzupolieren versucht.[41] Sein Selbstbewußtsein darf nicht durch fachlichen Ehrgeiz verfälscht werden. Emotionen muß er rational einsetzen.

Dem Berufsanfänger bietet der Besuch eines *Assessment-Centers* die Chance, daß die dafür

---

41 Eine hervorragende Anleitung dazu findet sich bei *Matzenrieder, S. J.*, Die rechte Anwendung des Turibulums zur Förderung des geistlichen Standes, Würzburg 1987, insbesondere Kapitel XIII.

verantwortlichen Personalmanager ihn mit gewohntem Fehlgriff als Nachwuchskraft einstellen und durch ein professionelles *Management-Development* zügig zur Stufe seiner Inkompetenz befördern. Prädestiniert sind dafür die sogenannten *Highflyer*. Das sind jene Hoffnungsträger, die von hochgezüchteten Personalprofis[42] ohne Sauerstoffmaske auf den Steilflug[43] in die dünne Luft der obersten Managementebene geschickt werden und dabei kaum Rücksicht, aber leicht Schaden nehmen.

Für die normale Karriere gilt es, die Gunst der Runde übergeordneter Manager zu nutzen. Ihre Konstellation ist allerdings nicht leicht einzuschätzen, weil sie völlig irrational bestimmt wird und weil sich die maßgebenden Präferenzen der Vorgesetzten gegenseitig verstärken, abschwächen oder neutralisieren können. Um die Abhängigkeit von der übergeordneten Managerebene nicht rein passiv hinzunehmen, *widmet der karrierebewußte Manager der Vernachlässigung seines Amtes nicht mehr Zeit als dem Sägen am Stuhl des Vorgesetzten.*

---

42 Professionellerweise spricht man vom *Human-Ressources-Manager*.

43 Die sprachliche Opposition zu der oben *(S. 13)* durch *Hemingway* eingeführte Leoparden-Metapher ist an dieser Stelle durchaus gewollt.

Zur Absicherung seiner Anstrengungen wird der umsichtige Karrierist zusätzlich einen oder mehrere potente *Sponsoren* auf den höheren Hierarchieebenen auswählen, die er durch Bewunderung, Eifer und Opferbereitschaft für sich einzunehmen versucht.

Wer Topmanager werden möchte, darf vor allem die zielgerichtete Hofierung[44] einflußreicher Aufsichtsratsmitglieder nicht vergessen. *Einflußreiche Aufsichtsräte* sind der Aufsichtsratsvorsitzende und jene Aufsichtsratsmitglieder, die so gefragt sind, daß sie keine Aufsichtsratssitzung vollständig absolvieren können und während ihrer kurzen Anwesenheit unternehmensfremde Unterlagen bearbeiten müssen.[45]

Erfolgreiches Karrierestreben erfordert also

---

44 Dazu ausführlich *Adular,* Erwartungsgerechtes Umschmeicheln, Köln 1992. Siehe auch *Zehetmeier,* Die Lobhudelei in den Alpenländern, München 1972.
Die in akademischen Zirkeln wirksamste Form von Hofierung, das strategische Zitat aus Werken des eigenen Doktorvaters, hat sich wegen mangelnder wissenschaftlicher Veröffentlichungen von Aufsichtsratmitgliedern in der Unternehmenspraxis nicht durchsetzen können. Vgl. dennoch die Literaturangaben zur Reputationsforschung in: *Mehlmann,* DE SALVATIONE FAUSTI. Litzelstetter Libellen Nr. 5, 1989, S. 29, Anm. 39.

45 Zweckdienliche Informationen können vom Protokollführer oder von Arbeitnehmervertretern eingeholt werden.

Geduld und Ausdauer. An die Decke zu gehen ist der ungeschickteste Versuch, um nach oben zu kommen. Wegen der schwer durchschaubaren Entscheidungseinflüsse bleiben Prognosen über die Karriere spekulativ.

Die Managementbetriebslehre vermag im nachhinein gute Gründe für eingetretene Managemententwicklungen zu geben. Sie hat empirisch nachweisen können, daß man in eingesessenen Organisationen zum Topmanager erst in einem Alter avanciert, in dem Weisheit und Mäßigung jede Eigeninitiative als praktizierte Disziplinlosigkeit brandmarken.

Es ist das besondere Verdienst von *Professor Grübel-Schmaltz*, auf die gesundheitsgefährdenden Wirkungen steiler Managerkarrieren aufmerksam gemacht zu haben.[46] Seine breit angelegten Untersuchungen konnten belegen, daß Pläneumstoßen, Prinzipienreiten, Budgetüberziehen und ähnlicher Managersport dem Vitaminhaushalt abträglich sind.[47] Die ver-

---

[46] *Grübel-Schmaltz*, Atemnot und Ohrensausen als bedenkliche Symptome akuten Gipfelleidens, in: Neue Medizinische Monatsschrift für Chefärzte, 12. Jahrgang 1993, Heft 3, S. 68 ff.

[47] *Grübel-Schmaltz*, Devitaminisierung bei hochdotierten Führungskräften in Wirtschaft und Verwaltung, in: Neue Medizinische Monatszeitschrift für Chefärzte, 13. Jahrgang 1994, Heft 12, S. 385 ff.

breitete Feststellung, daß der Topmanager die Krone der Erschöpfung ist, nennt nur die Symptome. Bahnbrechend ist demgegenüber die Erkenntnis von *Professor Grübel-Schmaltz*: Rechtzeitiges Versagen ist die wirksamste Prophylaxe gegen Herzinfarkt und frühzeitiges natürliches Ausscheiden aus dem Management.[48]

b) Der Seiteneinstieg
Der Einstieg auf höherer Managementebene ist von außen nur möglich, wenn dominierende Vertreter der übergeordneten Hierarchiestufe ihnen verbundene Personen einsetzen wollen oder wenn die faktische Hierarchie empfindlich aus dem Gleichgewicht geraten ist, weil sich das Unternehmen weniger perfekt entwikkelte als die Nachfolgeplanung.
Verbundene Personen sind solche, die durch verwandtschaftliche Beziehungen, durch Zugehörigkeit zu diversen terrestrischen Vereinigungen (insbesondere Parteien, Gewerkschaften, Religions- oder anderen Gemeinschaften) oder aufgrund besonderer emotionaler oder

---

48 *Grübel-Schmaltz*, Prophylaxe gegen Gipfelsucht und verwandte Krankheiten, in: Neue Medizinische Monatszeitschrift für Chefärzte, 14. Jahrgang 1995, Heft 1, S. 1 ff.

finanzieller Abhängigkeiten oder Machtstellungen miteinander derart verbunden sind, daß ein Verbindungsteil sich verpflichtet fühlt, zugunsten des anderen aus sachfremden Erwägungen tätig zu werden.[49]
Fehlt es an derartigen Verbindungen, so bedarf es eines dynamisch auftretenden *Headhunters* (ein seriöser Personalberater wäre zu bieder), der geeignete Kandidaten unter seinen erst kürzlich anderen Unternehmen vermittelten Bewerbern findet.

Ausnahmsweise können auch rationale Gründe Seiteneinsteiger zum Topmanager befördern: Unternehmensberater werden z. B. aus Verzweiflung zu Topmanagern berufen, Funktionäre aus Fürsorge oder Unschuldige aus Versehen. Der Einstieg in das höhere Management hängt also von vielen Faktoren ab, die von Anstrengung bis Zufall reichen.

c) Der Ausstieg

Avancierte Manager versprechen, mit zunehmender Dienstzeit eine ältere Führungskraft zu werden, d. h., das routinemäßige Managerdasein zieht sich auf den höchsten Etagen nach

---

49 Siehe dazu *Filzer*, Homo sordidus, 6. Auflage, Hamburg 1996, S. 95 m. w. N.

Maßgabe der Pensionsordnung in die Länge. Der Ausstieg aus dem Management kann aber auch unerwartet und plötzlich geschehen.

Auf den *unteren Ebenen* passiert das häufig dann, wenn ein Manager weiß, worauf es sachlich ankommt, und danach handelt. Verhält er sich dagegen so, wie es die nächsthöhere Ebene erwartet, kann er mit einer Beförderung rechnen.

Unter diesen Umständen endet im *mittleren Management* die Verweildauer[50] mit dem Aufstieg in das obere Management *(Peter-Prinzip)*, wenn nicht zum Erhalt des Topmanagements der Vorruhestand unausweichlich ist. Das Erreichen des vertraglichen Pensionsalters ist heute die Ausnahme.

Bei *Topmanagern* herrscht immer noch die Beendigung der Dienstzeit zum gewünschten Pensionsalter vor.[51] Das ist natürlich, denn wie Bücher in einer Bibliothek werden in der Ma-

---

50 Interessierte Leser seien auf *Heesterbeek u. a.* hingewiesen: Das Fegefeuer-Theorem / DE PURGATORIO. Eschatologische Axiomatik zum transorbitalen Sündenmanagement. Litzelstetter Libellen, Ziemlich Neue Folge (ZNF) Nr. 2, 1992. Auf S. 12 behandeln die Autoren einen ähnlichen Wartezustand unterm Stichwort »Minimierung der purgatorischen Schmorzeit«.

51 Wegen lesenswerter Einzelheiten siehe *Hakelmacher*, Der optimale Pensionspunkt für Spitzenkräfte, WPg 1996, Heft 4.

nagementhierarchie die am höchsten plazierten Exemplare am wenigsten abgenutzt. Daher kommt es bei Topmanagern nur in seltenen Fällen zu einem unerwarteten Ausfall, der sich allerdings durch untrügliche Anzeichen ankündigt. Schwache, für Externe aber signifikante Signale sind z. B. schleichende Überschuldung, nachhaltige Ertragslosigkeit, Verkauf oder Fusion des Unternehmens oder – kaum widerlegbar – die Wahl des Betroffenen zum *Manager des Jahres*.

Der fristlose Ausstieg von Topmanagern ist also selten. Er kommt eigentlich nur vor, wenn der Unglückliche einseitig auf den falschen Sponsor gesetzt oder wenn er den Schwarzen Peter für unangenehme Überraschungen seines Dienstherren nicht sofort weitergegeben hat. Imagesichernd ist dann allein die Behauptung, daß der Ausstieg freiwillig erfolgt sei,[52] und zwar mit dem bewährten Hinweis auf Meinungsunterschiede über die strategische Ausrichtung des Unternehmens.[53] Deren tota-

---

52 Weit weniger überzeugend ist die Behauptung, daß der Aufsichtsratsvorsitzende seinen Sohn ins Topmanagement bringen wollte; glaubwürdiger wäre eher der Cousin (vgl. *Basedow,* Die Vetternwirtschaft – Grundlagen und Verbreitung, Frankfurt 1981).
53 So schon *Frank Sinatra,* I did it my way, Final Curtain Publishing 1966.

le Glaubwürdigkeit wird dann erreicht, wenn der Betroffene durch ständige Wiederholung sie selbst für eine Tatsache hält.

IV. Die Ausformung des Managementbetriebs

1. Das Biotop der Manager

Der Managementbetrieb entfaltet sich in vollendeter Form in den Räumen, die dem Topmanagement vorbehalten sind. Ihr Hauptzweck besteht darin, jedem Besucher Ehrfurcht und Bewunderung im Hinblick auf Erfolg, Anspruch oder Geschmack des Topmanagements einzuflößen. Flure, Sitzungsräume, Sekretariate und Dienstzimmer bieten dazu vielfältige Gestaltungsmöglichkeiten. Der Stil ihrer Ausstattung mit edlen Materialien, kostbaren Kunstwerken, einladenden Polstergarnituren u. ä. ist beredter Ausdruck der Unternehmens- und Managementkultur.
Größe und Zuschnitt der *Vorstandsetage*,[54] der

---

[54] Diese nicht diskriminierend gemeinte Bezeichnung soll alle dem Topmanagement zugewiesenen Räume bezeichnen. Wenn die Unternehmung einer Irrenanstalt gleicht, ist die Vorstandsetage eine geschlossene Abteilung. Man spricht auch vom Allerheiligsten des Managementtempels.

Aufwand für ihre Abschirmung gegenüber Fremdeinflüssen, Art und Umfang des Etagenservices sowie die Anzahl der Sekretärinnen und Assistenten je Mitglied des Topmanagements werden gemeinhin als Abglanz der Managementerfolge gewertet. Sie sollen die *Kreditwürdigkeit* des Unternehmens unterstreichen, wenn seine Rendite dazu weniger oder gar nicht geeignet ist.

Im übrigen haben die genannten Faktoren großen Einfluß auf Ablauf und Kosten des Managementbetriebs. Je kostspieliger der Managementbetrieb ist, desto abläufiger ist die Unternehmensentwicklung.

Eine sehr wichtige Einrichtung ist das *Vorstandskasino,* in dem Topmanager gepflegt und ungestört mit ihresgleichen speisen können. Diese abgehobene Form der Nahrungsaufnahme – wie erwähnt,[55] die vorherrschende Anforderung an Topmanager – soll bedeutsame Entscheidungen vorbereiten, die rational wenig zu begründen sind. Topmanager haben erkannt: ein voller Bauch moniert nicht gern.

Die *betriebsnotwendige Größe* dieser Räumlichkeiten entzieht sich atmosphärisch jeglicher Quantifizierung. Für nüchtern rechnende Controller mag als Anhaltspunkt dienen, daß ihre

---

55 Vgl. oben S. 32, dort auch Fußnote 38.

flächenmäßige Ausdehnung 10% der gesamten betrieblich genutzten Flächen des Unternehmens (einschließlich notwendiger Reservegrundstücke) nicht übersteigen soll.

2. Managementstile und -techniken

Zur zügigen Vermarktung des Managers wurde der Begriff Management mit beliebigen Funktions- und Sachbezeichnungen kombiniert.

In ersten, noch primitiven Synthesen wurde der Pförtner zum *Gatemanager,* während die Putzfrau bald dem *Cleanmanagement* oblag. Ein wirklicher Einbruch gelang mit der Definition des *Lean Management.*[56] Den Anforderungen eines wissenschaftlichen Marketings genügten aber schon die vielfältigen Veröffentlichungen über moderne Managementstile und -techniken, auf die hier nur beispielhaft eingegangen werden kann.

Als besonders fortschrittlich gilt der *kooperative Führungsstil,* der insbesondere von der Avantgarde der Konzernmanager verkündet wird.

---

[56] *Leut-Selig,* Der Flachsinn schlanker Unternehmensführung, Köln 1986 m. w. N.

Den kooperativen Führungsstil kennzeichnet, daß die Konzernleitung den Konzernunternehmen Ziele vorgibt, und diese kooperieren. Als höchst zeitgemäß wird ferner das *partizipative Management* gepriesen. Hier ist der Boß nicht der Boß, sondern der Kollege, der zufällig immer recht hat. Diese Form der Mitwirkung bedeutet z. B., daß jeder Manager an der Planung teilnehmen darf: der höhergestellte durch Zielsetzung, der andere durch Planerfüllung. *Den Boß muß man nicht verstehen, man muß sich mit ihm vertragen.*

Von hohem wissenschaftlichen und imagewirksamen Wert sind die *Managementtechniken*, die jeweils mit *Management by...* gebrandmarkt werden. Sie verschafften den Begriffen Manager und Management die gebührende Erwähnung in der wirtschaftswissenschaftlichen Literatur.[57]

In Theorie und Lehre ist *Management by Objectives (MbO)* am häufigsten verbreitet. In der Praxis konnte MbO durch die Forderung nach partizipativer Zielformulierung[58] zum *Management by Objections* operationalisiert wer-

---

[57] Vgl. z. B. *Wöhe*, Einführung in die Betriebswirtschaftslehre, 16. Auflage, München, S. 123.
[58] Zu den Anforderungen an praxisgerechte Zielformulierung siehe u. a. *Schröder*, Modernes Controlling, 5. Auflage, Ludwigshafen 1992, S. 26 f.

den.[59] Insofern kann man bei dieser Managementtechnik von einem praktischen Durchbruch sprechen. Diese rasante Entwicklung führte in vielen Unternehmen und Konzernen zu Situationen, deren Zustandekommen man am besten mit *Management by Surprise (MbS)* charakterisiert. Zur praktischen Handhabung des MbS erfanden die Manager das Controlling.

3. Das Controlling

Controlling ist ein hoch gepriesenes *Allheilmittel*, an das sich Manager immer dann erinnern, wenn es zu spät ist. Die Betriebswirtschaftslehre beeilte sich, das in der Praxis entwickelte Controlling wissenschaftlich, d. h. uneinheitlich zu definieren und seine Funktion zu erklären. Ihr wesentlicher Beitrag war die Entdeckung des *strategischen Controlling*, eine Abart, die jedem Topmanager einleuchtet, der mit der Realität nicht zurecht kommt.
Die wissenschaftlichsten Definitionen begin-

---

[59] MbO darf nicht mit *Management-buy-out* interpretiert werden. Management-buy-out ist keine Managementtechnik, sondern der Versuch, bewährte Managementfehler mit finanzieller Hilfe des bisherigen Eigentümers auf eigene Rechnung fortzuführen.

nen mit der Feststellung, daß Controlling nicht mit *Kontrolle* verwechselt werden darf. Sie enden mit der Bemerkung, daß Kontrolle mit zum Controlling gehört. Dazwischen versteigen sich einige Autoren zu der Auffassung, daß Controlling eine delegierbare Teilfunktion des Managements sei. Andere verlangen für die Ausübung des Controlling übermenschliche Eigenschaften, so daß der ideale Controller als Heiliger des Managementbetriebs erscheint.[60]

In der Realität duldet ein etabliertes Topmanagement solche Halbgötter nicht neben sich. Das allgemein akzeptierte Kernstück der Controllingdefinition bildet daher ein diffuser Hinweis auf den permanenten Soll-Ist-Vergleich, der penetrant den Managern zu präsentieren sei.

Das Controlling soll die Dialogschwäche im Management überwinden. Sein finaler Zweck ist die Minimierung sachbezogener Erörterungen zugunsten eines strategischen und auch sonst unverbindlichen Meinungsaustauschs zwischen der Führungskräften. Zur Veren-

---

60 Die etymologische Ableitung des Begriffs als »Zusammenziehen von Trollen (= Unholden)« ist von der Betriebswirtschaftslehre trotz unübersehbarer Hinweise bisher unwissenschaftlich ignoriert worden.

dung des Controlling wurde von den wissenschaftlichen Protagonisten das strategische Controlling entwickelt.

V. Die Dynamik des Managementbetriebs

Der Managementbetrieb kann als Kombination von Managern zur Entfaltung der Managementhierarchie und zur Dämpfung des Unternehmenserfolgs charakterisiert werden. Er wird im wesentlichen durch die sogenannte Verrottung, durch den unternehmensinternen Schriftverkehr und durch Sitzungen in Gang gehalten.

1. Die Verrottung des Managements

Ein noch wenig erforschtes Phänomen ist der triebhaft anmutende Hang der Manager, zur Vermeidung oder Erschwernis von Entscheidungen Gruppen aus Mitarbeitern oder mit Kollegen zu formen,[61] die sie mit Projektgruppe, Lenkungsausschuß und ähnlich motivie-

---

[61] *Kalkfuß* spricht von Rottenbildung oder Verrottung des Managements: Vom Herdentrieb zur Rottenbildung, Köln 1996.

renden Namen dekorieren. Die Erfahrung hat gezeigt, daß die effizientesten Gruppen jene sind, die sich vor allem damit beschäftigen, ihren Zweck selbst zu definieren.

Motivierend sind Gruppen, die auf Dauer eingerichtet werden, so daß es sich lohnt, sie auch auf Visitenkarten zu verewigen. Die Bezeichnung *Mitglied des Konzeptionsteams zur Förderung der innerbetrieblichen Kommunikation auf dem Gebiet des unternehmensexternen Erfahrungsaustauschs* erspart bei außertariflichen Mitarbeitern mindestens eine Gehaltserhöhung. Führungskräften muß zu demselben Zweck ein ranghöheres Gremium zugeordnet werden. Hohes Ansehen genießt jede Art von *Findungskommission,* die nicht vorhandene und daher noch nicht sichtbare Probleme finden soll.

Eine Ursache für diese offenbar beliebige Verklumpung von Managern und Mitarbeitern[62] mag darin liegen, daß die moderne Managementlehre für alle Wechselfälle eines Unternehmens die Teamarbeit empfiehlt. Dabei gilt

---

[62] *Schmalhanns* hat sich dadurch großen Verdienst erworben, daß er den *Kalkfuß*schen Begriff der Verrottung zur Klumpenbildung oder Verklumpung abgewandelt und damit weitere Aspekte der Verrottung aufgedeckt hat: Die Klumperei in Unternehmen und Behörden, Hamburg 1997.

als unumstößliches Dogma: Je größer das *Team*, um so stärker die Motivation seiner Mitglieder! Und weiter: Die Selbstverwirklichung im Team ist das oberste Ziel. Das bedeutet in der praktischen Umsetzung, daß ein Team möglichst oft und dann für mindestens fünf Stunden zusammenkommen muß.[63]

Teamarbeit[64] suggeriert, daß im Team tatsächlich gearbeitet wird. Teamarbeit heißt, daß fünf Leute für das bezahlt werden, was vier billiger tun können, wenn sie nur zu dritt wären. Man darf also nicht übersehen, daß schon allein die übliche Mitgliederzahl ausreicht, um die Gruppe absolut arbeitsunfähig zu machen. Typische Beispiele sind mitbestimmte Aufsichtsräte und andere Gremien zur Zerkleinerung von Ideen.

Die Verrottungs- oder Klumpenforschung wurde erheblich dadurch verunsichert, daß durch Zufall, z. B. im Zusammenhang mit einer Unternehmensberatung, Arbeitsgruppen auch

---

[63] Siehe dazu *Lippschürz*, Im Team intim, Hamburg 1995.

[64] Die Arbeitsweise von Teams, z. B. bei der Entwicklung des psychologischen Modells einer folgenlosen Handlungstheorie, wurde bereits 1982 von *Mummendey* beschrieben: Das Eckzahn-Experiment / DE VAMPYRIS. Auf dem Wege zu einer sozialen Psychophysiologie des akuten vampirischen Aktes. Litzelstetter Libellen. Ziemlich Neue Folge *(ZNF)* Nr. 5, S. 35.

aus wirtschaftlich vernünftigen Gründen gebildet werden. Hinzu kam die ernüchternde Beobachtung, daß man einigen Mitgliedern dieser Gruppen die einschlägige fachliche Kompetenz nicht absprechen konnte. Obwohl auch in diesen exotischen Fällen die Mitgliederzahl der Rotte stets über der arbeitsfähigen Grenze lag, befürchtete man ein dauerhaftes Fehlverhalten verunsicherter Manager.

Mit großer Erleichterung konnte aber dann zur Kenntnis genommen werden, daß Unternehmensangehörige, die ihre Stufe der Unfähigkeit noch nicht erreicht hatten, wiederholt und ständig Mitglieder solcher Teams waren und sind. Da sie sonst wichtige Funktionen im Unternehmen wahrzunehmen haben, ist auch in diesen Fällen sichergestellt, daß sie entweder ihre normale Aufgabe im Unternehmen vernachlässigen oder im Team nur sehr unkonzentriert mitwirken können.

2. Der unternehmensinterne Schriftverkehr

a) Umfang und Zweck

Kein ehrgeiziger Manager darf die *Macht des geschriebenen Wortes* in einem Unternehmen unterschätzen. Alle Schriftstücke dienen nämlich in erster Linie der Imagebildung. Sie eignen sich vorzüglich zur Selbstdarstellung des

Verfassers. Sie können aber auch als Bumerang wirken oder zu Rohrkrepierern werden. Schon die Reihenfolge, in der die Adressaten des Schriftstücks[65] aufgeführt werden, kann Kritik, Ignoranz oder mangelnden Ehrgeiz des Verfassers ausdrücken. Ihr Gewicht bekommen diese Aussagen von der Hierarchiestufe des Absenders, ihre Wirkung vom Rang der Empfänger.

Die *Zwecksetzung* des unternehmensinternen Schriftverkehrs sind in der Rangfolge ihrer Bedeutung:
1. Demonstration eigener Kompetenz;
2. Zuweisung von Erfolg oder Mißerfolg;
3. Beruhigung, Ärgernis oder Warnung für die Adressaten;
4. Gedächtnisstütze oder Beweissicherung;
5. Anweisungen oder Quittungen.

Zweck 1 und 2 sind unverzichtbare Mittel der Selbstdarstellung, die der dynamische Topmanager besonders dann nutzt, wenn er schon auf der Nase liegt, während andere noch fallen.

Zweck 3 wird zur Verfestigung des angestrebten Ansehens des Absenders sowie zur Vorbereitung der Zwecke 1 und 2 eingesetzt.

---

65 Die elektronischen Medien dringen auch im Managementbetrieb unaufhaltsam vor. Insofern gehören auch alle Formen von *e-mail* zu den Schriftstücken im hier besprochenen Sinn.

Zweck 4 hat einen vorwiegend defensiven Charakter und dient zur Absicherung der vorher genannten Zwecke.

Der Zweck 5 ist für Manager am riskantesten, weil er den Zwecken 1 bis 3 widersprechen kann.

b) Arten

In einer reifen Bürokratie unterscheidet man *streng geheimes, geheimes, sehr vertrauliches, vertrauliches* und *gemeines Schriftgut*. Die ersten vier Kennzeichnungen dienen lediglich dazu, den Inhalt der so bezeichneten Schriftstücke schnellstmöglich allgemein bekannt zu machen. Diese Schriftstücke erzielen auch die höchsten Preise bei journalistischer Verwertung.

Darüber hinaus zerfällt der unternehmensinterne Schriftverkehr in die zahlenmäßig überlegenen Aktennotizen, die bedeutungsvolleren Sitzungsprotokolle und die recht unterschiedlich zu gewichtenden Berichte.

Aktennotizen sind das Bullrichsalz in der schwerverdaulichen Managementsuppe.[66] Sie werden nur dann ernst genommen, wenn sie

---

66 *Ollerschäff*, Opulente und frugale Geschichten aus dem Vorstandskasino, Essen 1988, S. 234.

gedruckt worden sind; handgeschriebene Notizen sind allenfalls in Notfällen, z. B. beim Schiffsuntergang, tolerierbar.[67]

Sitzungsprotokolle dokumentieren die Bremsspuren der Unternehmensentwicklung. Sie werden von eigens bestellten Protokollführern entworfen und durch den Sitzungsleiter bis zur Unkenntlichkeit redigiert,[68] so daß die übrigen Sitzungsteilnehmer zumindest an ihrem Erinnerungsvermögen zweifeln. Man unterscheidet Ergebnis- und Inhaltsprotokolle.

Da Sitzungen selten zu einem Ergebnis führen, kommen Ergebnisprotokolle in der Praxis kaum vor. Eine Ausnahme bilden *vorgefertigte* Ergebnisprotokolle, mit denen aufmerksame, d. h. einflußarme Teilnehmer nach der Sitzung überrascht werden.

Von größter Wichtigkeit ist für den noch zu behandelnden Sitzungsbetrieb, wer mit welchem Wortlaut wie oft im Protokoll zitiert wird. Daher herrschen in der Praxis Inhalts-

---

[67] Die Wertung der elektronischen Medien ist noch nicht abgeschlossen, zumal Topmanager eine unverständlich große Scheu haben, die entsprechende Hard- und Software selbst zu nutzen, sei es aus Angst vor Würdeverlust oder aus Unlust, etwas Neues zu lernen. Es dürfte sich um eine Generationsfrage handeln.

[68] *von Pappritz/Paniki*, Vom Protokoll zum Protokill, Bonn 1995.

protokolle vor, die für den lektorierenden Sitzungsleiter den Sitzungsverlauf zweckgerecht wiedergeben.

Berichte unterscheiden sich von Aktennotizen dadurch, daß sie besonders geheftet und infolgedessen sehr viel mühsamer abzulegen sind. Man unterscheidet Routine- und Sonderberichte. Für Routineberichte gibt es eine Standardprozedur der Archivierung, die ihre Lektüre überflüssig macht. Bei Sonderberichten richtet sich das Leseverhalten der Empfänger nach der durch Titel und Aufmachung suggerierten Brisanz.

Vorschläge zur Qualitätssicherung klingt langweilig; *Durchbruch zu TQM* dagegen spannender, schon weil unsicher ist, was TQM bedeutet.[69] *Umstrukturierung im Werk A* hört sich verdächtig unangenehm an; *Reengineering des Werks A* lautet schon professioneller; *Werkleitung wird auseinandergenommen* verspricht dagegen packende Unterhaltung. Der emporstrebende Manager merkt sich bei dieser Gelegenheit: *Berichte gewinnen erheblich an Qualität und Bedeutung, wenn man sie als Report bezeichnet.*

Eine besondere Kategorie des unternehmensinternen Schriftguts sind *Entscheidungs- oder*

---

69 TQM kommt aus dem Spanischen: *Te quiero mucho* zu deutsch: Krieg dem Macho.

Genehmigungsvorlagen. Sie richten sich an die hierarchisch höhere Einsicht. Solche Vorlagen müssen nicht unbedingt richtig, sondern einleuchtend formuliert werden. Bei wesentlichen Angelegenheiten sollen sie einen sofortigen Entscheidungsdruck auszuüben. Daher zeugt die frühzeitige Versendung der Sitzungsvorlagen von Gedankenlosigkeit. Sie können nämlich leicht verlegt werden oder in unberufene Hände gelangen. Damit ihr wesentlicher Inhalt, d. h. die zu treffende Entscheidung, in frischer Erinnerung ist, sind bei wichtigen Entscheidungen *Tischvorlagen* zu bevorzugen. Werden solche Vorlagen eine Stunde vor Sitzungsbeginn verteilt, spricht man professioneller von *Eilvorlagen.*

3. Der Sitzungsbetrieb[70]

a) Bedeutung und Dynamik der Sitzungen
Bei abnehmender Lust, etwas Sinnvolles zu tun, sind Sitzungen unentbehrlich. Sie können in Form von Besprechungen, Workshops, Meetings, Tagungen oder Konferenzen vielfältige

---

[70] Grundlegend dazu *Salbaderer*, Wunderlichs Sisyphus – Zum gegenwärtigen Stand der Sitzungsbetriebslehre, in *Wunderlich* (Hrsg.), Entfesselte Wissenschaft, Opladen 1993, S. 39 ff.

Gestalt und furchtbares Ausmaß annehmen. Ihr Ansehen steigt mit der Zahl der Teilnehmer, mit der Exotik des Ortes und mit der Höhe der Veranstaltungskosten.

Sitzungen dehnen sich unabhängig von Thema und Teilnehmerzahl entsprechend der vorhandenen Zeit aus. Dennoch lehrt die Erfahrung: Je unwichtiger das Thema, um so länger dauert die Sitzung. Belanglosigkeiten können so in üblicher Breite erörtert werden, ohne wertvolle Managerzeit für ernsthafte Themen zu vergeuden. In der beliebten Kombination von lascher Sitzungsleitung und mangelhafter Vorbereitung der Teilnehmer sind Sitzungen der ideale Verschiebebahnhof für Probleme des Unternehmens.

Sitzungen sind im Managementbetrieb unverzichtbar, weil sie einzelnen Teilnehmern Gelegenheit bieten, aus der Anonymität großer Organisationen durch Selbstdarstellung herauszutreten. Den karrierebewußten Manager zeichnet daher ein ungezügeltes Bedürfnis nach Sitzungen aus.

Die *Dynamik des Sitzungsbetriebs* resultiert eben daraus: Sitzungsteilnehmer, die Gelegenheit zur Selbstdarstellung haben, werden positiv aufgeladen, während durch den Frust der übrigen Teilnehmer – hervorgerufen durch Anspannung, Langeweile, Müdigkeit oder Termindruck – negative Aufladungen entstehen. Die Sitzung endet, wenn die kumulierten negativen Aufladungen die positiven übersteigen. Der Überschuß der negativen Potenzen ist der sogenannte *Sitzungsrest*,[71] der als nicht erfülltes Bedürfnis nach Selbstdarstellung interpretiert werden kann. Er löst automatisch die nächste Sitzung aus.

Um seine positive Aufladung zu maximieren, versucht der aktive, d. h. sich produzierende Sitzungsteilnehmer, die negativen Aufladungen seiner Zuhörer hinauszuzögern. Zitate oder lobende Erwähnung wichtiger Zuhörer schaden nicht, bringen aber bei großer Zuhörerzahl nur wenig. Am wirkungsvollsten lassen sich Auf- und Entladungen der *Sitzungspotenzen* mit der Handhabung der Tagesordnung, der Kaffeepause, der Raumtemperatur und mit defekten Geräten steuern, weil sie dem Spiel- und Sensationstrieb der übrigen Teilnehmer entgegenkommen. Diese Mittel müssen jedoch professionell gehandhabt werden,[72] damit der Referent nicht selbst verwirrt oder gar der Lächerlichkeit preisgegeben wird.

---

71 *Salbaderer*, a. a. O., S. 45.
72 Wertvolle Hinweise zur fachmännischen Konferenztechnik finden sich bei *Salbaderer*, a. a. O., S. 46 ff.

b) Präsentationskunst in der Sitzung
Für echte Erfolgsmenschen ist die *Form der Darstellung* wichtiger als ihr Inhalt. Im Zeitalter der Comics und Videoclips sind Grafiken, Charts und Dias unentbehrliche Mittel überzeugender Präsentationskunst.[73] *Visualisierung* heißt das Zauberwort für fachmännisch angelegte Vorträge. Sie muß dem Niveau der Inkompetenz der Zielgruppe entsprechen.
Nicht sachlich-nüchterne Aussagen, sondern angenehme Farbgebung und attraktive Formen der bildlichen Darstellung fördern die Zielvorstellung des Vortragenden. Jeder Unternehmensberater von Format weiß, daß zur Begeisterung von Topmanagern DIN-A4-Seiten nur quer und mit maximal drei Zeilen beschrieben werden dürfen. Jeder honorarinteressierte Berater macht sich die Erfahrung zunutze, daß bei Grafiken steile Pfeile von links unten nach rechts oben großen Erfolg oder enorme Anstrengungen verraten.
Die für Berufsanfänger unwiderstehliche Attraktion der Stellung eines *Vorstandsassistenten* liegt darin, daß er seine unaufhaltsame Karriere mit dem Entwerfen von Folien für seinen jeweiligen Vorgesetzten beginnt und damit wesentliche Grundlagen der Topmanager-

---

73 Man spricht daher auch von *Präsentainment*.

Qualifikation früh kennenlernt. Der Vorstandsassistent durchläuft also eine fachlich wertvolle Persönlichkeitsentwicklung, um die ihn jeder Jungmanager beneidet.

Dia- und Overheadprojektoren sind bei Sitzungen unverzichtbar. Könner arbeiten sogar mit zwei und mehr Projektoren gleichzeitig. Ab 24 Folien pro Minute entsteht der Eindruck profunder Informationen. Wechselnde Geschwindigkeiten der Folienfolge betonen die Dynamik des Vortragenden. Übertreibungen, die bei etwa 48 Schaubildern pro Minute einsetzen, können jedoch leicht zu negativen Aufladungen wichtiger Zuhörer führen.

Bei Managern, die dem Zeitgeist verfallen sind, breitet sich in beängstigendem Umfang eine krankhafte *Foliensucht* aus. Wer sein Referat wörtlich von Folien abliest, zeigt deutliche Symptome fortgeschrittener Folienabhängigkeit. Ihre volle Tragik offenbart sich, wenn selbst Zeitdruck und Unruhe im Publikum nicht davon abhalten, sämtliche vorbereiteten Folien vollinhaltlich vorzutragen. Besonders förderlich für negative Aufladungen der Zuhörer ist das zeilenweise Aufdecken der Folien, um diesen keinen Wissensvorsprung vor dem Redner zu gewähren. Nur die ranghöchsten Manager können sich den vollen Folienluxus ungestraft leisten.

VI. Erschütterungen des Managementbetriebs[74]

1. Anzeichen

Der Managementbetrieb entwickelt sich im allgemeinen kontinuierlich, da in den Spitzengremien rationelle Entscheidungen erst getroffen werden, wenn alle anderen Möglichkeiten erschöpft sind. Allfällige Unternehmenskrisen können so ungestört bis zur Katastrophe reifen. Ein untrügliches Vorzeichen solcher Reife ist das Auftauchen von *Unternehmensberatern*. Topmanager verspüren in ihren depressiven Phasen ein unwiderstehliches Verlangen nach Unternehmensberatung. Wenn die Anzahl der Kunden gegen Null tendiert oder wenn die fixen Bezüge des Topmanagements nachhaltig den Umsatz übersteigen, überwindet der Vorstand seine Einsamkeit und schaltet kongeniale Berater ein. Das gleiche passiert in der Aus-

---

74 Vgl. *Hakelmacher* (Strategies follow Structures, WPg 1993, S. 89–94), der u. a. das Tabu der Managementstrukturen anspricht.

nahmesituation, in der der Topmanager weiß, was zu tun ist, dies aber nicht tun will.

Unternehmensberater sind verhinderte Manager. Wie man aus einem schlechten Wein sehr guten Essig machen kann, so kann aus einem gescheiterten Manager ein guter Unternehmensberater werden. Er muß nur die Fähigkeit haben, andere von ihrer Unwissenheit zu überzeugen. Schon deshalb wird in kritischen Phasen jedem Topmanager wohlmeinend geraten, einen Unternehmensberater einzuschalten, und sei es auch nur, um dessen Ratschlag nicht zu befolgen.

Unternehmensberater sind Leute, die anderen die Uhr wegnehmen, um ihnen die Uhrzeit zu sagen.[75] Das macht sogar Sinn, wenn die Uhrbesitzer im Drang der Tagesgeschäfte keine Zeit haben, selbst auf die Uhr zu sehen.

Eine professionelle Unternehmensberatung[76] ist die Konsultante aus Hochschulabschluß,[77] mangelnder

---

75 »Unternehmensberater sind die Experten, die unter chronischem Stockschnupfen leiden und dennoch über das Parfum des Erfolges und über die Duftpunkte modernen Managements dozieren.« *Kölsch/Lagerfeld,* Consulting und Controlling für HNO-Mediziner, Deutz 1995.
76 Bekannte Beratungsfirmen sind: Roland Ärger, Arthur Ändertschon, Boss-Ton Spaltungs-Gruppe, Kanapee, Muhme und Partner, Zäh/Unreell.
77 Die Fakultät spielt keine Rolle.

Unternehmenspraxis und den aktuellen Gemeinplätzen aus Management-Bestsellern. Sie lebt von eingängigen Lösungen für nicht vorhandene Probleme, die sich durch aufwendiges Verfremden des mandanteneigenen Know-hows gewinnen lassen. Der seriöse Berater braucht daher auch nicht vor Aufgaben zurückzuschrecken, die ihn eindeutig überfordern.

Die Droge der Beratung wird dem Topmanagement in Form von prachtvollen *Präsentationen* verabreicht. Die verträgliche Dosis von Anschaulichkeit und reduziertem Informationsgehalt wird auf natürliche Art dadurch bemessen, daß zur Vorbereitung der Präsentation mindestens 87,4% der Beratungszeit benötigt werden. Die restliche Tätigkeit wird auf große, d. h. arbeitsunfähige Projektgruppen verlagert, die zu 95% mit Mitarbeitern des Mandanten besetzt sind.

Seinen finalen Lösungsvorschlag nennt der international versierte Berater *Approach*, d. h. distanzierte Annäherung, denn die Zielerreichung ist nicht das Problem des Beraters. Damit eröffnet sich für den cleveren Topmanager die Chance, noch rechtzeitig eingreifen zu können, wenn ihm das Ergebnis nicht behagt oder wenn sich die Gefahr einer echten Umstrukturierung andeutet.

2. Umstrukturierungen

a) Echte Umstrukturierungen

Die Überlebensfähigkeit etablierter Topmanager ist nur dann überfordert, wenn ohne deren wesentliches und gewolltes Zutun die Struktur des Topmanagement geändert wird. In diesem Fall spricht man von echter Umstrukturierung.[78] Sie geschieht nur aus folgenden *Gründen*:

1. (Drohender) Kollaps des Unternehmens (64,2%);
2. Wechsel des Eigentümers des Unternehmens, Veränderung der Gesellschafterstruktur (22,7%);
3. Wechsel des Vorstands- oder des Aufsichtsratsvorsitzenden (5,9%);
4. Anpassung an Markterfordernisse (5,1%);
5. Einfluß verbundener Personen auf den Aufsichtsrat (2,1%).

Beim ersten Fall sind Art und Weise der Strukturveränderung durch den wirtschaftlichen Zwang vorgezeichnet. Für betroffene Topmanager bedeutet dieser Fall aber nur eine vorübergehenden Imagetrübung. In der Regel gelingt ihnen der rechtzeitige Übergang in das

---

[78] In diesem Zusammenhang ist unerheblich, ob auch andere Unternehmensangehörige berührt werden oder nicht.

Topmanagement eines noch florierenden größeren Unternehmens.

Die Auswirkungen in den Fällen 2 und 3 leiten sich – soweit sie nicht mit der ersten Fallgruppe verwandt sind – aus schwer vorhersehbaren Interessen, Emotionen und Beharrlichkeiten der maßgeblichen Personen ab.

Im Fall 4 bleibt den Amtsinhabern noch eine Chance zur Mitwirkung, wenn sie das Unternehmen nicht zu nah an den Fall 1 geführt haben.

Der Fall 5 ist schicksalhaft hinzunehmen und sollte daher von Topmanagern bei Abschluß ihres Dienstvertrags bedacht werden.

b) Unechte Strukturveränderungen

Die vom Topmanagement selbst initiierten Umstrukturierungen nennt man unechte Umstrukturierungen, weil sie nichts auf deren Ebene verändern. Ihre Anlässe lassen sich wie folgt klassifizieren:

1. Kostspielige Empfehlungen eines Unternehmensberaters (54,8 %);[79]

---

[79] Hier zeigt sich die enorme Bedeutung der Unternehmensberatung für die Praxis. Vgl. *Gerölleimer*, Der wirtschaftsfördernde Beitrag der Unternehmensberatung unter besonderer Berücksichtigung des Mehrwertsteuersatzes, Diss. München 1994.

2. Nachahmungstrieb (26,1%);
3. Pensionierung des Amtskollegen oder -vorgängers (10,0%);
4. Anregungen von Mitarbeitern (8,6%);
5. Anpassung an Markterfordernisse (0,5%).

Die geringe Bedeutung von rational bedingten Strukturveränderungen deutet auf den gesunden Selbsterhaltungstrieb der Topmanager hin. Topmanager, die die Notwendigkeit einer Neustrukturierung aus wirtschaftlich vernünftigen Gründen ableiten und dementsprechend handeln wollen, werden zur Schadensbegrenzung von dem Establishment ihrer Kollegen oder den Honoratioren der Aufsichtsebene in der Regel rechtzeitig abgestoßen.

VII. Ausblick

Die vorgestellten Ansätze einer Managementbetriebslehre müssen durch weitere Forschungsarbeiten systematisch ausgeweitet und durch vertiefende Redundanzen perfektioniert werden. Insbesondere wird die noch intensivere Nutzung von Anglizismen eine wissenschaftliche Herausforderung der nächsten Zukunft sein. Eine weitere Fundierung ist von den einschlägigen Erkenntnissen der späten Chaostheorie zu erwarten.

Der Leopard auf dem Kilimandscharo (s. o., S. *13)* steht symbolhaft für höhere Lebewesen, die aus unerklärlichen Gründen auf den Gipfel getrieben wurden, die paradoxerweise dort auf Dauer verweilen und deren Werdegang schleierhaft bleibt. Daher sind weitertragende Erkenntnisse für die Managementbetriebslehre auch aus der Analyse der These zu erwarten, die der Glaziologe *John Iceberg* zu dem eingangs erwähnten Fund auf dem Kilimandscharo entwickelt hat.

Iceberg wagt die Behauptung, daß der besagte

Leopard, von Hunger getrieben, einem Bergsteiger aus Tyrol gefolgt sei, der im Alleingang ohne Sauerstoffgerät den Gipfel gestürmt habe. Als der Leopard bei seinem Approach (!) erkannt habe, daß es sich nicht um einen kurzatmigen Schriftsteller handelte, sei er – bereits zu schwach, um sich die nicht vorhandene Sauerstoffmaske anzulegen – zusammengebrochen.[80]

---

[80] *Iceberg*, The Sceleton on the Kilimandscharo, National Geography, 1997, Heft 3. Die Hypothese von *Bretells* (Forschungsbericht XVI/1996 des Institut des Recherches Glaciaux, Lyon), daß der Leopard sein Fell abgelegt habe und dabei erfroren sei, konnte bisher nicht bewiesen werden.

Das Leoparden-Paradox

ist – kilimandscharomäßig gesprochen *(s. o., S. 13)* –

der bisherige Gipfelpunkt...

... der bisherige Gipfelpunkt einer an seltsamen Wesen nicht eben armen Reihe. Sie begann mit DE STATU CORRUPTIONIS, besteht also seit 1980, und eigentlich hätte ein Text von *Sebastian Hakelmacher* über den Prüfungsbericht als sprachliches Kunstwerk die legendäre Nr. 3 schon werden sollen. (Es gibt einen Briefwechsel aus dem Jahr 1982 darüber; es hat aber nicht sollen sein.) Im letzten Jahrzehnt des 2. Jahrtausends, in den frühen 90er Jahren, als sich überhaupt *ziemlich* alles zum Besseren wendete, wurden diese campusnahen Forschungsinitiativen, in denen endlich zusammenwächst, was zusammengehört (also: okzidentalische Sinnstiftung und orientierender Nonsens) als *Ziemlich Neue Folge (ZNF)* in verschlanktem Format und behutsam runderneuert fortgeführt.

Bisher erschienen folgende Bände:

Anton Haller
Das Similaun-Syndrom / OECCI HOMO
Von der Entdeckung der Gletschermumie zum transdisziplinären Forschungsdesign.
Litzelstetter Libellen. Ziemlich Neue Folge *(ZNF)* Nr. 1,
Abteilung Handbüchlein & Enchiridia, ISBN 3-909081-54-1

Heesterbeek / van Neerven / Schellinx
Das Fegefeuer-Theorem / DE PURGATORIO
Eschatologische Axiomatik zum transorbitalen Sündenmanagement.
Litzelstetter Libellen. Ziemlich Neue Folge *(ZNF)* Nr. 2,
Abteilung Handbüchlein & Enchiridia, ISBN 3-909081-55-X

Bernd Halfar / Norbert Schneider (Hrsg.)
Das Germknödel-Paradigma / DE ARTE GERMOECOLOGIAE
Der yeast-dumpling-approach als Subsistenzmedium sozialökologischer Forschung.
Litzelstetter Libellen. Ziemlich Neue Folge *(ZNF)* Nr. 3,
Abteilung Handbüchlein & Enchiridia, ISBN 3-909081-25-8

Georges Perec
Das Soprano-Project / DE IACULATIONE TOMATONIS
***(in cantatricem).* Experimental Demonstration of the tomatotopic organization in the soprano *(Cantatrix sopranica L.)*,**
ZNF Nr. 4, ISBN 3-909081-26-6

Hans Dieter Mummendey
Das Eckzahn-Experiment / DE VAMPYRIS
Auf dem Wege zu einer sozialen Psychophysiologie des akuten vampirischen Aktes.
Litzelstetter Libellen. Ziemlich Neue Folge *(ZNF)* Nr. 5,
ISBN 3-909081-63-0

Thelma L. Shapiro
Das Dinosaurier-Dilemma / DE DULCIBUS SAURIS
Wissenschaftliches Großtier-Recycling als Paradigma multikultureller Forschung.
Litzelstetter Libellen. Ziemlich Neue Folge *(ZNF)* Nr. 6,
Abteilung Handbüchlein & Enchiridia, ISBN 3-909081-66-5

Heider / Laßmann / Rotis
Synergien im Stau / DE STAGNATIONE
Postprofessionelles Risikomanagement beim Funktionsübergang von flüssigem Stand zum stockenden Verkehr.
Litzelstetter Libellen. Ziemlich Neue Folge *(ZNF)* Nr. 7,
Abteilung Handbüchlein & Enchiridia, ISBN 3-909081-72-X

Wiard Raveling
Die Bungu-Bukolik / DE CASU MORO
Blgasu, Blgasu, Blgasu: Innerafrikanische Avantgarde im Focus transeuropäischer Sprachwissenschaft.
Litzelstetter Libellen. Ziemlich Neue Folge *(ZNF)* Nr. 8,
Abteilung Handbüchlein & Enchiridia, ISBN 3-909081-79-7

John Hulme
DE TRANSLATIONE NURSERY-RHYMES
Von den schwindelerregenden Möglichkeiten referentieller Verirrung im älteren angelsächsischen Liedgut.
Litzelstetter Libellen. Ziemlich Neue Folge *(ZNF)* Nr. 9,
Abteilung Handbüchlein & Enchiridia, ISBN 3-909081-46-0

Ihre Lieblings-Buchhandlung besorgt auch ganz andere Bücher der Libelle. (Neugierig? Dann blättern Sie hier doch noch weiter...)
Einen Prospekt über Alles & den ganzen Rest schicken wir Ihnen gern direkt:

Libelle Verlag • CH-8574 Lengwil am Bodensee

Libelle: Kulturgeschichte, Kunst...

Manfred Bosch
Bohème am Bodensee
Literarisches Leben am See von 1900 bis 1950
624 Seiten, 464 Abb., gebunden, ISBN 3-909081-75-4

Die schönsten Sätze aus bislang 21 Rezensionen:
»*Boschs dreispaltig gedruckter ›Wälzer‹ von überwältigender Fülle ist das erste, nicht zu übertreffende Kompendium über die Literatur am Bodensee zwischen Jahrhundertbeginn und Nachkriegszeit.*«
Hermann Kinder, FAZ

»*Jedes der 74 Kapitel kann für sich gelesen werden und ist oft genug ein Kabinettstückchen biographischer Porträtkunst oder literarischer Essayistik, liebevoll ausgestattet mit verblichenen Fotos, Faksimiles und literarischen Kostproben.*«
Martin Halter, Tages-Anzeiger

»*Bosch hat mit seiner ›Bohème am Bodensee‹ all diese Viten für uns aufgeblättert mit leichter und kundiger Hand, und der Verlag hat sie in einen Prachtband gekleidet. (...) Das Buch, exzellent geschrieben, gegliedert und gestaltet, opulent illustriert und gediegen gedruckt, ist ein ganz grosser Wurf.*«
Dieter Kief, Weltwoche

Arno Borst
Ritte über den Bodensee
Rückblick auf mittelalterliche Bewegungen
Mehr als 1000 Jahre einer Geschichte des Bodenseeraums: Vergangene Wirklichkeit und fortwirkende Überlieferung
432 S., Leinen, ISBN 3-909081-52-5

Matthias Holländer – Das Licht der Dinge
204 Seiten, gebunden, mit dem Werkverzeichnis 1987–1997
1. Auflage Herbst 1997, ISBN 3-909081-18-5
Ein Kunstband mit 53 Farbbildern und zahlreichen s/w-Abbildungen. Mit einem Text von Adolf Muschg über Holländers Kunst (»Im Spiegel der Klinge«).

Literatur

Yasmina Reza
»KUNST«
Komödie
Aus dem Französischen von Eugen Helmlé
72 S., büttenkartoniert, mit einer auf zwölf Seiten aufdämmernden Titelei, ISBN 3-909081-77-0

»Yasmina Rezas Stücke handeln unterhaltsam und nachdenklich, nie sentimental und selbstgefällig, von den ältesten Passionen. Erzählen von den Komödien des Verstandes und der Politik der Gefühle: auf jener nicht endenwollenden Reise von Menschen aufeinander zu, aneinander vorbei.«
Peter von Becker, theater heute

Katrin Seebacher
Morgen oder Abend
Roman. 316 Seiten, Leinen, mit einem Umschlagbild von Matthias Holländer, ISBN 3-909081-76-2

»Katrin Seebacher hat ein großartiges Buch geschrieben.«
Anne Overlack, Stuttgarter Zeitung

»Dieses ernste kindliche Spiel hat Katrin Seebacher nun poetisch wieder aufgenommen, mit einer Leichtigkeit, die von hoher Artistik zeugt und jenem stilistischen Takt, der eine selten menschenfreundliche Sensibilität verrät.«
Angelika Overath, Neue Zürcher Zeitung

»›Morgen oder Abend‹ ist ein ungewöhnlicher Erstling. Das Buch ist perfekt gemacht.«
Agnes Hüfner, Süddeutsche Zeitung

Bücher in Ihrer Buchhandlung.
Wenn Sie einen Prospekt wollen, sollten Sie uns schreiben:

Libelle Verlag • CH-8574 Lengwil am Bodensee

*Die Wiederentdeckung des großen Erzählers und
Mongolei-Reisenden Fritz Mühlenweg (1898–1961)*

Fritz Mühlenweg
In geheimer Mission durch die Wüste Gobi
Der Roman für die ersten zehn Lesealter
780 S., roter Leinenband samt Glückszeichen, mit einem
biographischen Nachwort von Ekkehard Faude
ISBN 3-909081-58-4

Fritz Mühlenweg
Fremde auf dem Pfad der Nachdenklichkeit
Der Kundschafter-Roman: Abenteuer aus der Wüsten-Expedition
304 S., gebunden, mit einem Nachwort von Gisbert Haefs
und einem Umschlagbild von Rotraut Susanne Berner
ISBN 3-909081-53-3

Fritz Mühlenweg
Kleine mongolische Heimlichkeiten
Erzählungen
144 S., broschiert, mit einem Umschlagbild von Rotraut
Susanne Berner
ISBN 3-909081-50-9

Fritz Mühlenweg
Tausendjähriger Bambus
Nachdichtungen aus dem Schi-King
104 S., gebunden, mit einem biographischen Nachwort von
Ekkehard Faude
ISBN 3-909081-67-3

Fritz Mühlenweg
Nuni
Die Geschichte eines langen Heimwegs bei dem die Sterne halfen
Mit Bildern von Rotraut Susanne Berner
Ein Märchenbuch-für-die-ganze-Familie
144 S., gebunden, mit einem Nachwort von Ekkehard Faude
ISBN 3-909081-83-5

Aufmerksame Leser werden,

*auf die Frage noch aufmerksamerer Leserinnen hin,
was nach dem ergebnislosen Briefwechsel von 1982 (s. o., S. 74)
denn wohl dazu geführt haben könnte,
daß Sebastian Hakelmacher plötzlich unwesentliche 15 Jahre später
doch noch Autor der Libelle geworden ist,*

jetzt gleich die Lösung des tangled-up thread (Nabokov) finden:

*Heinrich Stader,
Autor von »Kurze Einführung in den Juristenhumor«
Litzelstetter Libellen. Ganz Große Reihe (GGR) Nr. 1,
1. Auflage 1996, ISBN 3-909081-78-9
(ein ähnlich pseudonymer Autor übrigens wie Hakelmacher,
wiewohl doch eher ein süddeutscher promovierter Jurist
als ein norddeutscher,
aber in Bayern erzogener und promovierter Wirtschaftsprüfer),
brachte eines schönen Februartags im Jahr 1997
einen Aufsatz mit dem Titel
»Bekanntmachung zur Schließung der Erwartungslücke (BSE)«
aus der Zeitschrift »Die Wirtschaftsprüfung« 3/1997
in den Verlag mit.
Als Autor firmierte Sebastian Hakelmacher,
die geistvolle Schreibart hatte seit 1982 nur die Themen gewechselt,
und abgesehen davon, daß der Autor inzwischen
im Briefkopf des wirklichen Lebens einen Professorentitel führt,
hatte er auch gerade noch einen unveröffentlichten Text in der Schublade,
der heißt nun »Das Leoparden-Paradox«.
Voilà.*

*Gesetzt in der Palatino Pardelis
gedruckt bei Maus in Konstanz
und gebunden bei Walter in Heitersheim
im Sommer 1997*

1 2 3 4 5 6 7 8   03 02 01 00 99 98 97

*ISBN 3-909081-22-3
© 1997 für den Text: Sebastian Hakelmacher
© für diese Ausgabe: Libelle Verlag, CH-8574 Lengwil am Bodensee*